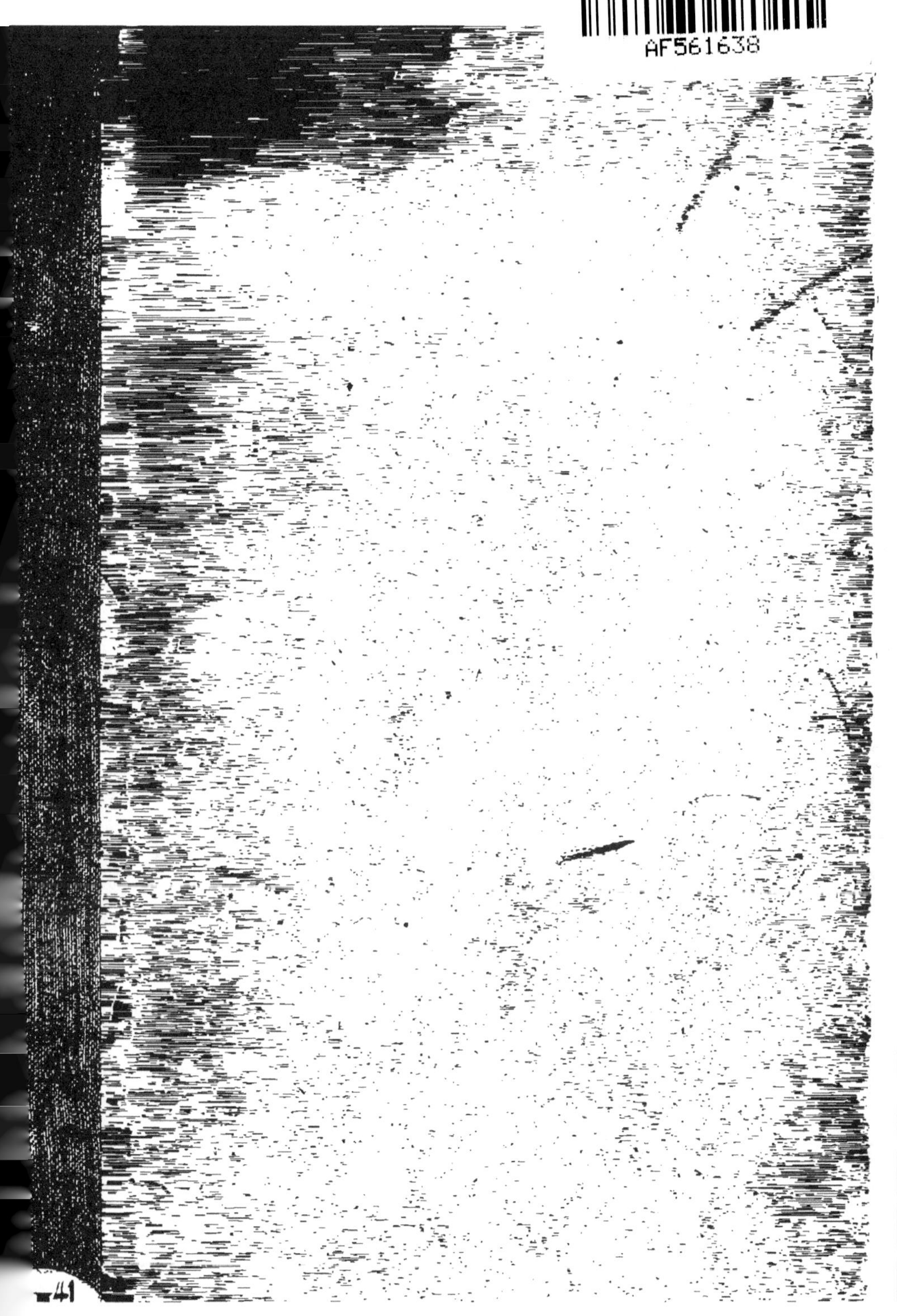

L'AGONIE

DE

DIX MOIS,

OU

HISTORIQUE

Des traitemens essuyés par les Députés détenus, et les dangers qu'ils ont courus pendant leur captivité.

Avec des Anecdotes intéressantes.

PAR D. BLANQUI.

Du Département des Alpes Maritimes, Député à la Convention nationale, l'un des soixante-treize embastillés.

L'AGONIE DE DIX MOIS

OU

HISTORIQUE

Des traitemens essuyés par les Députés détenus, et des dangers qu'ils ont courus pendant leur captivité.

IMMÉDIATEMENT après le décret du 3 octobre 1793, v. st. qui, d'après le projet des deux anciens comités de gouvernement, envoyoit en arrestation soixante-quinze représentans du peuple, sans avoir été entendus, ceux des membres qui étoient présens à la séance, furent sommés de sortir par la barre de la convention, à l'appel nominal qui en fut fait, et se rendre dans un réduit qui donne entrée aux latrines. C'est la place qui leur fut provisoirement assignée par le comité de sûreté générale. Ils resterent dans cet endroit infect et chargé d'un méphitisme insupportable, jusqu'à nuit close ; de là ils furent transférés au corps-de-garde du Palais-National. Les tribunes des jacobins s'y etoient déja rendues en masse, et en occupoient les avenues. Il n'y eut espèce d'outrages que les prisonniers n'eussent à essuyer de la part de ces femmes forcenées, qui s'efforçoient de bien gagner leur argent.

Dans cet intervalle, la municipalité avoit reçu l'ordre de nous faire conduire dans des maisons d'arrêt. Ainsi nous fumes livrés à ce que nous avions d'ennemis les plus acharnés, car nous n'avions jamais cessé de dénoncer cette municipalité rebelle.

A deux heures après minuit, la force armée se présente pour exécuter cet ordre. Elle étoit composée de citoyens armés, et d'un fort escadron de gendarmerie à cheval. Les citoyens, plus respectueux envers la représentation nationale que ne le desiroit peut-être la municipalité, offrent leurs bras aux députés; et ces bras, forcés de remplir un devoir qui répugne au titre de bons citoyens, tremblent sous la main des représentans du peuple.

Nous défilons d'un pas lent par le Carousel, le quai du Louvre, le Pont-Neuf, le quai des Orfévres, entourés de la cavalerie qui chasse brusquement tout citoyen, que la curiosité arrête pour voir passer ce convoi;

et, après bien des détours, nous arrivons enfin à la chambre d'arrêt de la Mairie.

Cette prison peut contenir quarante personnes. Un parquet situé le long du mur, couvert d'un peu de paille, quelques bancs et quelques tables en font l'ameublement.

Quand nous y arrivâmes, elle étoit occupée par une cinquantaine de détenus : nous étions vingt-cinq ; il fallut donc passer le reste de la nuit sur des bancs, ou debout, au milieu d'un méphitisme corrupteur ; qui arrêtoit presque la respiration. Avant de nous y jeter, on nous avoit dépouillés de nos cartes de députés, de nos cannes, de nos armes. La maniere de nous y faire entrer, le fracas des verroux, le nom même du guichetier, nous retraçoient les glacières d'Avignon.

Le lendemain, chacun de nous fut conduit à la mise des scellés sur ses papiers, et reconduit à la maison de la *Force*, au département appelé le *Bâtiment Neuf*.

Ce bâtiment est composé de six étages, tous voûtés en pierre de taille jusqu'au plus haut. Chaque étage ne consiste qu'en un long sallon, où sont placées, le long du mur, des crêches ou bières garnies de sacs de paille, avec une couverture pour chaque paire de sacs, sur lesquels il est impossible de coucher, à cause de leur forme cilindrique.

Il n'est pas besoin de dire que ces simulacres de paillasses abondoient en vermine de tout genre. Cette partie de la prison est destinée pour les prévenus de vols, d'assassinats, de meurtres, de fabrication de faux assignats, ou pour y déposer les criminels condamnés par un jugement.

Nous fumes placés au sixieme étage avec une trentaine de malheureux qui y étoient déja. Nous étions sans lit, et il fallut bien nous accommoder des sacs de paille, qui ressembloient bien plus à des tronçons de bois, si mieux n'aimions passer une seconde nuit debout. Le sallon ne reçoit d'air que par de petites lucarnes : le méphitisme étoit effrayant; et par surcroît d'horreur, un gros baquet, destiné aux besoins naturels de la nuit, étoit placé à la tête du sallon. Notre collegue *Mercier*, ce précurseur de la révolution, l'immortel auteur de l'An 2440, mal jeté dans sa crêche, eut à flairer toute la nuit ce baquet pestilentiel placé justement sous son nez.

Presqu'aucun de nous ne se connoissoit, cependant l'humanité sembloit être notre premier besoin. Des collegues charitables, à qui j'étois également inconnu, s'empresserent de m'offrir leur chambrée, dans le cas qu'il fût possible d'être mieux logés. J'acceptai cette offre avec reconnoissance, j'en pleurai d'attendrissement, et je me sentis porté à pardonner aux hommes leur méchanceté, grace à l'humanité de mes collegues.

La plus grande partie de la maison de la Force étoit occupée par des citoyens détenus en vertu de la loi du 17 septembre 1793. Nous ne trouvâmes qu'un chétif emplacement de quatorze pieds en quarré au département de la *Bite-au-Lait*. Nous nous y plaçâmes huit, les autres se logerent dans différens endroits de la maison, la majeure partie resta au *Bâtiment-Neuf*.

La chambre que nous prîmes, et qui étoit, comme je l'ai déja dit, de 14 pieds en quarré, contenoit de plus un escalier, et fournissoit le passage à deux autres sallons où étoient entassés une cinquantaine de prisonniers; cependant il y fallut dresser nos lits, et y monter notre petit ménage. Les lits se touchoient, la moitié du mien étoit même sous celui de mon voisin, et deux autres collegues couchoient par terre, faute d'espace. Pour se mettre au lit, il falloit entrer par les pieds, et pour rester dans la chambre, il falloit se tenir sur les lits, ou en démonter quatre ou cinq. L'emplacement étoit à un petit premier, sous les toîts, et couvert de biais. L'extérieur répondoit parfaitement à l'intérieur. La porte étoit fermée au verrou le jour et la nuit. Pour y arriver, il falloit traverser une loge de cochons placée au pied de l'escalier. Ces animaux venoient souvent nous incommoder jusques dans notre gîte. Sous les fenêtres, une autre loge de cochons, et à l'autre extrêmité, les latrines communes. Tout cela joint ensemble formoit une masse de méphitisme bien propre à altérer les santés les plus robustes.

Les autres collegues, ainsi que ceux qui venoient journellement nous rejoindre, n'étoient pas mieux que nous. Cependant, ô criminelle administration! elle faisoit payer de location 22 liv. par mois à chaque prisonnier à qui elle ne fournissoit que le toît, propriété nationale. Et de cette maniere, sur huit mille prisonniers qu'il y a eu dans Paris, c'étoit une recette de 176,000 liv. qui entroit tous les mois dans la caisse de l'administration, elle qui mettoit la dépense au compte du trésor public.

Dans une position aussi terrible, nous ne cherchions qu'à nous égayer. En déplorant les malheurs publics, qui alloient en augmentant, le calme étoit au fond de nos ames et la sérénité de l'innocence peinte sur nos figures. C'est elle qui nous faisoit saisir avec empressement les moindres occasions de nous égayer, même sur les objets les plus lugubres qui n'effrayent que les coupables. Par le moral, nous cherchions à détruire tout ce qui nous menaçoit au physique.

Dès la premiere décade de notre détention, vingt-deux des trente-deux collegues décrétés d'accusation avoient été mis en jugement. Ils se défendoient devant ce qu'ils croyoient des juges : le peuple, qui aime essentiellement la justice, s'intéressoit à leur sort en goûtant la justification. Les tyrans en sont effrayés ; ils font remuer les jacobins. Ceux-ci vont demander audacieusement à la convention nationale que les formes soient abrégées à leur égard. Robespierre motive la pétition sur ce que l'un des acccusés *a eu l'audace d'arracher des larmes à l'auditoire.* Quel crime! Le décret passe, et les prévenus sont envoyés en masse à l'échafaud.

Ce massacre nous donna la mesure de ce que nous devions attendre pour nous-mêmes. Chacun prit son parti ; et en nous exhortant réciproquement à la résignation, au calme et à la dignité due au caractere de représentans, nous attendions tranquillement notre tour.

Le président du tribunal révolutionnaire ne connoissoit pas encore la nature de notre crime, ou plutôt il la connoissoit trop bien ;

cependant, dans un discours, bien digne de lui, adressé aux jurés, sans doute pour ne pas les influencer, le jour de la condamnation des vingt-deux, il s'expliqua assez intelligiblement sur notre compte, dans les termes suivans : *Quant aux soixante-treize autres conspirateurs, qu'on nous les envoie, et nous en ferons bonne justice.* (Voyez le bulletin du tribunal révolutionnaire.) Les scélérats ! ils sembloient craindre que les tyrans doutassent de leur entier dévouement à la tyrannie.

Bientôt les cordeliers remués par les fameux conspirateurs Hébert et complices, les jacobins conduits par les décemvirs et suppôts, vont demander solemnellement nos têtes à la convention nationale ; et sur la motion d'un membre, le rapport fatal qui nous concerne est ajourné au premier frimaire.

L'incident de Chabot differe notre sort, et le fait perdre de vue pour quelque tems. Mais pour entretenir ce qu'ils appelloient esprit public, et ne pas nous donner un moment de relâche, nos ennemis excitent contre nous les meutes des écrivailleurs décemviraux, Hébert, Audouin, et renouvellent de tems en tems, dans les deux sociétés, leurs motions sanguinaires. Ces horribles et dégoûtantes productions sont même les seules qui jouissent du privilege exclusif de parvenir jusqu'à nous. On vient nous les offrir de chambre en chambre, par ordre de l'administration de police.

Impatiens du retard, nos ennemis, Hébert et Hanriot à la tête, forment le projet de nous massacrer dans les prisons, et courir ensuite sur la convention nationale, car c'étoit là leur véritable but, le terme de leurs attentats.

Plusieurs collègues étoient venus nous rejoindre, et nous étions quarante-huit dans la maison de la Force. Trois fois on vint prendre nos noms, prénoms et qualités. La premiere fois, c'est *Gusman*, qui est à la tête des faiseurs de listes; Gusman, ce grand d'Espagne, ce protégé de l'Autriche, ce membre du célèbre comité central du 2 juin, ce distributeur de 5 liv. aux hommes armés qui encombroient les avenues et couloirs de la convention, le même jour; ce Gusman, enfin, à qui plusieurs d'entre nous ont entendu dire à la Force où il étoit, sans doute en qualité de *mouton*, *que la convention nationale devoit périr à l'époque du 2 juin; et que, si le coup a manqué, c'est à la lâcheté des Parisiens qu'il falloit l'attribuer*. Ainsi, si la convention existe encore, graces en soient rendues à la prétendue lâcheté des Parisiens.

Les deux autres fois, c'est par l'ordre d'Hanriot et de l'administration de police que les listes furent dressées. *Maillard*, ce fameux septembriseur, étoit venu à la prison pour combiner le massacre, et donner le mot d'ordre, pendant qu'Hanriot, tous les jours à la garde montante, appelloit sur les prisons la vigilance de la fureur et de la proscription.

Cependant les malheurs publics, qui croissoient d'une maniere effrayante, touchent l'ame de Camille Desmoulins, et pour en arrêter le cours, il ose publier son premier numéro du *Vieux-Cordelier*. Du fond de nos cachots, nous applaudissons à son courage, nous faisons des vœux pour le succès de son entreprise; mais nous ne nous dissimulons pas qu'il court à sa perte. N'importe, c'est un vrai républicain qui s'immole pour le bien de son pays : nouveau Curtius, il se jete dans le gouffre pour sauver sa patrie, il faut l'encourager. Aussi-tôt, plusieurs d'entre nous font leur possible pour s'abonner au *Vieux Cordelier*. C'est le seul assentiment aux principes qu'il professe, que nous puissions lui transmettre, le seul encouragement que nous puissions lui faire parvenir. En dépit des Argus, ses productions nous arrivent : elles sont lues, ou plutôt dévorées avec avidité. Il avoit pour but de déjouer l'infernale conspiration d'Hébert, et d'attaquer l'atroce caligulisme décemviral. Bientôt, il est dénoncé aux jacobins, poursuivi avec acharnement; ce que nous avions prévu se réalise; déja il n'existe plus; il périt victime de son dévouement, et il périt sur l'échafaud. Sa malheureuse épouse est enveloppée dans le même sort, elle périt comme lui, avec courage et dignité. Ames sensibles, vrais amis de la la liberté et de la patrie, jetez des fleurs sur sa tombe!

Pendant que Camille-Desmoulins se vouoit de la sorte pour le salut du peuple, Phélipeaux, d'un autre côté, avoit le courage de dévoiler le machiavélisme du gouvernement dans l'exécrable guerre de la Vendée. Nous applaudissons également à son patriotisme, et cherchons à l'encourager par l'avidité de lire ses productions. Bientôt, comme Camille, il périt victime de son courage, et la même charrette les traîne à l'échafaud.

Cependant leur mort n'a pas été totalement infructueuse pour la patrie, car s'ils ont péri, du moins le trop fameux conspirateur Hébert et sa horde, qu'ils avoient attaqués dans leurs écrits, les ont précédés à l'échafaud, au milieu de l'exécration publique.

Le supplice d'Hébert laissoit respirer en repos les députés détenus, et déja il ne leur restoit plus à supporter que les vexations journalieres de l'administration de police; mais ce repos fut de courte durée. Le systême du massacre des prisonniers en masse, avorté par le supplice d'Hébert, qui avoit eu l'heureuse imprudence d'attaquer les gouvernans eux-mêmes, se convertit en systême de conspiration des prisons, qui avoit pour but de massacrer juridiquement, et en détail, ceux qu'on n'avoit pu détruire collectivement.

Les deputés détenus sentirent des premiers toute l'atrocité d'une pareille trouvaille encore inconnue aux anciennes tyrannies; ils sentirent la nécessité d'en détourner les résultats de la maison qu'ils habitoient. Après le transférement demandé et obtenu par les détenus en vertu de la loi du 17 septembre, il ne restoit dans la prison que des hommes vraiment républicains, et jetés comme nous dans les cachots par la haine et la proscription. Leurs sentimens, à quelques-uns près, nous étoient connus; mais de quoi n'est-elle pas capable la scélératesse? Il s'agissoit donc d'éloigner jusqu'au moindre prétexte d'envelopper notre prison dans les prétendues conspirations. A cet effet, il falloit, sans allarmer les prisonniers, les tenir sans cesse sous les yeux des surveillans, et des *moutons*, pour déjouer toutes leurs machinations. Voici comment on s'y prit.

On avoit mis en avant le jeu de la *galoche*. Dussaulx, le vénérable Dussaulx, notre collégue, qui, par son grand âge, sembloit devoir être au-dessus de ces jeux enfantins, ne dédaignoit pas d'être de la partie ; il étoit même des premiers à mettre tout en mouvement. Par-là, les uns en jouant, les autres en regardant jouer, chacun étoit occupé.

Le nombre des prisonniers augmentant tous les jours, il fallut bientôt avoir recours à d'autres genres d'occupation.

L'intérieur de la promenade étoit encombré de pierres, de briques et autres décombres; on proposa de la déblayer pour l'avoir plus libre. Chacun mit la main à l'ouvrage. Au moyen des briques, on fit des siéges avec des dossiers ; on dressa des autels le long des allées; au fond du jardin, un grand dossier qui embrassoit trois siéges à la fois, le tout surmonté de terrasses où furent plantés des arbustes, des herbes odoriférantes, des fleurs, du gazon. Un prisonnier, à l'aide de son seul couteau, fit d'une pierre brute le buste de *Lynnaeus*, qui fut placé au centre. La gaieté, l'enjouement, et jusqu'à la liberté proscrits au déhors, sembloient s'être réfugiés dans la prison que nous habitions ; elle devint un jardin de délices, que les étrangers venoient admirer. (1)

Cet amusement occupa les prisonniers pendant plusieurs décades. Ensuite le jeu de ballon qui se continuoit souvent du matin au soir ; celui des dames, du tric-trac, d'échec et autres, tous exécutés en public, enleverent à la tyrannie toute ressource pour perdre les prisonniers de cette maison, où l'on n'eut à regretter que quelques républicains.

Les buveurs de sang en enrageoient. Déja ils avoient employé, et toujours en vain, différens moyens pour produire des mécontentemens qu'ils étoient prêts à transformer en rébellion. Etoit-on malade? on n'obtenoit

(1) Pour avoir une idée des vexations inouies qu'on imaginoit pour inquiéter les prisonniers, il est bon de dire que cet arrangement ne fut pas plutôt achevé, qu'un brutal architecte, ou maître maçon, envoyé sans doute par nos persécuteurs, se présente avec des manœuvres, et fait main-basse sur les autels, les sièges, les fleurs, les arbustes, et tout ce qu'il rencontre, sous le prétexte de prendre des briques, dont il dit avoir besoin, lui qui n'avoit jamais daigné en faire enlever une seule, lorsqu'elles encombroient la promenade. Les prisonniers furent obligés de racheter leur ouvrage à force d'argent. Cette vexation fut renouvellée plus d'une fois.

d'être transféré à l'infirmerie que quand on étoit mourant. Et qu'etoit-ce que cette infirmerie? Un véritable cimetiere. Là, deux et souvent trois malades occupoient le même grabat, sans soin, sans ressource, sans consolation. Les maladies y étoient amalgamées de la maniere la plus révoltante. La fievre lente gissoit à côté de la violente, la putride à coté de l'aiguë. Les visites des parens, des amis, y étoient interdites. Rarement on y passoit les trois jours, et jamais on n'en sortoit vivant. Notre collegue *Doublet,* malgré toutes nos sollicitations auprès du comité de sûreté générale pour en obtenir sa translation dans une maison de santé, y périt dans les trois jours, et ses parens ne purent le voir que lorsqu'il n'étoit plus. Notre collegue *Laurenceot* étoit tombé malade. Au risque de mourir dans les bras les uns des autres, nous nous étions engagés à ne jamais permettre qu'aucun de nous allât s'ensévelir dans le tombeau fétide de l'infirmerie. En lui prodiguant tous les soins qui dépendoient de nous, nous ne cessâmes de solliciter, pendant près d'un mois, la permission du comité pour le faire transférer dans une maison de santé. A la fin, cette permission fut accordée; mais quand? Quand il fut guéri. Alors il ne voulut plus abandonner ses collégues, d'autant plus que leurs dangers recommençoient par les manœuvres des jacobins.

Le systême de la conspiration des prisons une fois arrêté, systême qui n'étoit dans le fond qu'une septembrisation renouvellée sous des formes juridiques, on ne s'occupa plus que des moyens de créer des prétextes à la rebellion, par des vexations de tout genre.

L'enlévement de toute somme au-dessus de 50 liv., fut des premiers mis en usage. Les administrateurs, à qui on laissoit le détail de l'exécution, s'acquitterent au gré de leurs maîtres, de cette opération. On fouilla dans les malles, les paillasses, les coins, les réduits, et jusqu'aux habillemens, à-peu-près tel qu'un voyageur est fouillé sur une grande route par une bande d'assassins qu'il a le malheur de rencontrer. Les prisonniers avoient les yeux sur les députés, et les prenoient pour regle de leur conduite. On n'ignoroit pas que ceux-ci recevoient tous les mois leurs indemnités, par décret exprès de la convention nationale; cependant on passa outre : ils se soumirent sans murmurer, et chaque prisonnier en fit autant.

Cette mesure n'ayant pas produit le mécontentement qu'on en attendoit, on en employa une seconde, c'est l'enlévement des armes de toute espece. On sait jusqu'à quel point on a poussé cette vexation ; savoir : d'enlever aux femmes jusqu'aux aiguilles, et les priver ainsi du seul passe-tems utile qui leur restoit dans leur captivité. A la *Force*, nous n'avions point de femmes, mais on nous enleva jusqu'aux compas à rouler les cheveux, sous prétexte que c'étoient *des armes tranchantes*. Pour donner plus d'allarme, on choisissoit le milieu de la nuit, tems où le bruit des verroux devient plus effrayant par les sursauts qu'il occasionne entre la veille et le sommeil. Les députés ne dirent rien, et personne ne murmura.

Succéde enfin la table commune, plus connue sous le nom de *gamelle*. Pour le coup, c'est ici qu'il faut que le lecteur comprime son indignation, comme nous avons comprimé la nôtre. Qu'on se figure tout ce qu'il y a à jeter au rebut en fait de subsistances. Morue pourrie, harengs pourris, viande pourrie, légumes pourris, le tout accompagné d'une demi-chopine d'eau de la Seine, teinte en rouge au moyen de quelques drogues, et l'on aura une idée de la gamelle de notre tems. C'est le seul repas qu'on prenoit par jour, car l'introduction particuliere de tout vivre et boisson étoit sévérement interdite. Vouloit-on se plaindre ? le tribunal révolutionnaire, c'est-à-dire l'échafaud, attendoit impitoyablement le plaignant indiscret. Tout le monde connoît l'anecdote du jeune homme qui, pour avoir jetté à la figure d'un garçon de service un hareng pourri, dont on le régaloit depuis plusieurs jours, fut traduit au tribunal atroce, et guillotiné comme révolté.

Lors de l'institution de la gamelle à la *Force*, un individu justement suspect aux prisonniers par sa pétulance, sa loquacité, et sur-tout par un nom trop connu, qu'il avoit emprunté, voulut produire un mécontentement. Perché sur un banc, il cherchoit à répandre le poison, dont il sembloit avoir l'ame remplie. On le fit descendre, on l'exhorta à la soumission, à la patience, et chacun se soumit de bonne grace à l'exécrable régime. Cependant le défaut de nourriture, et sur-tout sa qualité, devoient produire des altérations incalculables dans les santés. J'étois à la fleur de l'âge, d'une santé à toute épreuve, et cependant j'en ai contracté des maux de nerfs, qui ne m'abandonneront qu'avec la vie. De là, qu'on juge des effets produits sur les vieillards et les infirmes.

Tant de vexations ne produisant rien dans la maison que nous habitions, on résolut de secouer nos chaînes. Un jour, l'administration trouva à propos de rompre l'harmonie qui passoit entre les prisonniers, en les faisant tous transférer dans plusieurs maisons différentes. On avoit calculé que le transfèrement opéreroit peut-être ce que n'avoient pu produire les autres vexations. L'ordre en est donné.

Quelques-uns de nos collegues s'imaginent qu'en réclamant auprès de l'administration, on pourroit peut-être nous laisser en repos. Ils adoptent cette mesure, et observent à l'administration que, puisqu'elle ne veut pas accorder des douceurs aux députés détenus, sans l'autorisation du comité de sûreté générale, il paroît raisonnable et juste qu'elle n'adopte pas non plus, à leur égard, des mesures de rigueur sans le consentement du même comité. Après des sarcasmes insolens, et des réponses impertinentes et avilissantes pour la représentation nationale, il en résulta qu'après la Conciergerie, la plus mauvaise prison de Paris seroit assignée aux députés, et qu'ils seroient transférés en plein jour, pendant que les autres translations s'exécutoient dans la nuit.

Au jour marqué, des fourgons ou charrettes sont à la porte de la prison ; chaque député est appellé et entre, à son tour, dans la voiture scandaleuse, avec son paquet sous le bras. Ces voitures n'étoient ni ouvertes, ni fermées, et n'ayant aucun siége à l'intérieur, on ne pouvoit s'y tenir ni assis, ni debout; on nous y entasse jusqu'à quatorze par charretée. Le convoi part à dix heures du matin; il est précédé, suivi et entouré d'une nombreuse escorte de gendarmerie à cheval, ayant un insolent municipal à la tête et un autre à la queue; jamais appareil de malfaiteurs ne fut plus soigneusement recherché. Des femmes éplorées, épouses, amies ou connoissances des députés, accompagnent en silence la marche lugubre. Le municipal ordonne brusquement qu'on repousse ces femmes; malgré son ordre barbare elles continuent leur marche, et cherchent à étouffer leurs sanglots; le brutal ordonne qu'elles s'éloignent ou qu'on les arrête.

Depuis long-tems les députés n'avoient vu le peuple, dont ils étoient représentans. Ils le fixent, l'examinent, ils cherchent à démêler sur sa figure ce qui se passe dans son ame, à saisir dans son maintien l'état actuel de sa situation. Il est morne, triste, silencieux, il n'est pas heureux. Le municipal apperçoit cette contenance réciproque, il en redoute les effets, et nous défend de regarder le peuple. *Jarry*, cet inflexible républicain, qui osa des premiers braver, au jeu de paume, la fureur du despote en 1789, n'entend pas l'ordre, et continue à fixer le public ; soudain il reçoit un coup de sabre de la part d'un brutal satellite. Je rapporte ce fait, parce que l'insulte d'un scélérat honore celui qui le reçoit. Enfin, après deux heures d'une marche très-pénible et très-humiliante, nous arrivons à la prison des Magdelonnettes.

Pour avoir une idée de cette prison, je dois renvoyer le lecteur au deuxieme volume de l'Almanach des Prisons, où elle y est bien détaillée; je remarquerai seulement que le local peut contenir deux cents personnes; que quand nous y arrivâmes, il y en avoit près de trois cents, et nous étions quatre-vingt ; ainsi il n'y avoit absolument point de place pour nous.

Dès notre entrée on nous enferma tous les quatre-vingt dans le corridor du rez-de-chaussée. Les corridors de cette maison sont tous d'une infection insupportable, à cause des latrines qui sont situées au fond de chaque corridor; mais celui-là est le plus infect de tous, parce qu'il est plus près du centre d'infection, et plus loin de l'air.

Une heure s'étoit écoulée et nous étions toujours entassés dans cette sépulture. C'étoit au plus fort de la chaleur, et plusieurs de nous alloient succomber lorsqu'à nos cris on vint nous délivrer. Il étoit alors l'heure du dîner ; nous n'avions ni pain, ni vin, ni autres comestibles, et quand nous en demandâmes on nous répondit brusquement *allez-vous faire f.....*

Le soir arrive, il falloit nous loger, et il n'y avoit point de place ; on nous propose de coucher dans les corridors ; le méphitisme qui y régnoit nous effraie. Nous demandons au concierge la faculté de coucher à l'air ouvert dans le péristille de la cour, en nous chargeant des frais de garde que cela pourroit occasionner. Déja le concierge y consentoit, lorsqu'un guichetier crie d'une voix sépulcrale qu'il ne falloit pas faire tant de façons pour des députés ; dès-lors tout projet s'écroule, et nous sommes forcés de dresser nos lits dans les corridors, les passages et les escaliers.

Le lendemain un administrateur arrive, le concierge lui demande des logemens pour les députés. *Il n'y a qu'à les mettre aux pailleux*, répond-il froidement, *c'est assez bon pour des députés.*

Les *pailleux* sont ceux qui, ne pouvant se procurer le nécessaire pour se loger à leurs frais, le sont à ceux de la nation.

Ce sont des prévenus de vols, d'assassinats et semblables délits ; ils n'est pas besoin de dire que ce sont toujours les plus mal logés. Nous fûmes donc forcés de faire déblayer, à nos frais, les chambres des pailleux, les faire nettoyer et payer même des sommes considérables pour nous faire céder deux ou trois chambres en totalité. Une vingtaine d'entre nous se logerent dans ces chambres remplies de vermine, le reste demeura par les corridors et les passages.

Déjà, depuis long-tems, toute communication, même par lettres, avec l'extérieur, étoit interdite aux prisonniers. Aux Magdelonnettes la surveillance étoit encore plus sévere ; tout billet, qui contenoit un mot de plus que le strict nécessaire en linge, étoit impitoyablement déchiré. L'entrée des choses indispensables à la santé étoit défendue. *Pourquoi*, dit un jour un détenu à un administrateur de police, *le vinaigre, qui est si nécessaire dans cette prison, n'y peut pas entrer, quand la loi ne le défend pas? Si la loi ne le défend pas, moi je le défends*, repondit-il brusquement. Cest un singulier gouvernement que celui où des magistrats se mettent impunément au-dessus de la loi, et s'en font une gloire.

La maison avoit une petite cour pour la promenade. Calcul fait, il pouvoit revenir trois pieds d'espace à chaque prisonnier, et cependant les tables y étoient dressées à l'air ouvert. C'étoit ou à l'ardeur du soleil, ou à la pluie tombante, qu'il falloit prendre son chétif repas, si mieux on n'aimoit s'en passer totalement.

Comme le nombre étoit infiniment supérieur à l'espace, on avoit divisé les repas en trois tems, distribués à tour de rôle parmi tous les détenus. Ceux qui étoient du deuxieme ou du troisieme tems, prenoient sous le bras tout l'attirail nécessaire, se tenoient debout derriere les premiers, à-peu-près comme les laquais de l'ancien régime, et bravan l'ardeur du soleil, ils attendoient patiemment qu'on leur cédât la place. L'amalgame des tables étoit singulier : galeux, pouilleux, voleur, homme de bien, tout étoit pêle-mêle ; c'étoit l'emblême du chaos présenté sous le nom d'égalité, tant l'ignorance a la manie de confondre toutes les idées.

Tant de souffrances, et sur-tout la maniere horrible et incroyable avec laquelle on nous traitoit aux Magdelonnettes, nous déciderent enfin à porter nos plaintes aux comités de salut public et de sûreté générale. Un mémoire, contenant un détail rapide de tout ce que nous avions eu à essuyer de la part de l'administration de police, fut aussi-tôt rédigé, et envoyé, malgré les surveillans, aux deux comités. Alors nous ignorions ce qui se passoit entr'eux : nous avons su depuis qu'ils étoient en mésintelligence, et cette division nous fut très-utile. En effet, deux jours après, arrivent deux commissaires du comité de sûreté générale, *Amar* et *Vouland* : ils s'assurent en personne de la déplorable situation où nous nous trouvions, et finissent par en verser des larmes d'attendrissement, c'est beaucoup dire. En notre présence, ils donnent les ordres les plus pressans à un administrateur présent, de nous fournir, sous vingt-quatre heures, un local plus commode, et nous regarder comme des représentans du peuple dans le malheur ; si l'administration y manque, ils la menacent de l'indignation du comité.

Dès le lendemain au soir, des charriots couverts et moins incommodes que les premiers, furent à la porte de la prison, pour transférer les députés aux *Bénédictins Anglais*. D'autres suivoient de près pour le bagage. La translation se fit entre dix heures et minuit. Les administrateurs préposés au convoi étoient aussi rampans après la mercuriale des commissaires, qu'ils avoient été insolens auparavant, tant les scélérats sont lâches.

Il fallut encore passer une nuit blanche ; mais la maison s'annonçant d'une maniere favorable, nous oubliâmes le désagrément d'une nuit pour ne nous occuper que de l'avantage du changement. En effet, la maison étoit commode, propre, l'air sain et dégagé, la perspective agréable, la promenade délicieuse ; et pour la premiere fois, l'horrible aspect des grilles et des verroux disparoissoit à nos yeux. Une seule peine venoit troubler notre plaisir ; c'est que pour nous y loger, on avoit fait sortir les femmes qui y étoient en grand nombre, et rendu par-là le séjour désagréable aux autres prisonniers ; cependant ils ne nous en témoignerent point de l'humeur, et nous reçurent même avec intérêt et fraternité. Un local particulier nous fut destiné pour le logement ; la table, la promenade et les entretiens nous resterent en commun.

Les délices du nouveau séjour, s'il est permis de s'exprimer ainsi, nous faisoient oublier la sévérité avec laquelle toute communication avec l'extérieur étoit interdite. En vain employoit-on tous les moyens pour nous faire tenir les nouvelles les plus intéressantes, jamais nous n'avons soupçonné qu'on songeât à user de ruse pour nous les faire parvenir ; aussi avons-nous souvent renvoyé ou brûlé, sans le lire, le papier que nous ne pensions pas être la gazette du jour, et dans lequel on avoit enveloppé du linge, ou qu'on avoit étendu au fond d'un pannier en guise de tapis.

Dans cette nouvelle demeure, nos jours s'écouloient sans autre inquiétude que celle qu'occasionne naturellement l'incertitude de son sort. C'étoit le calme perfide qui précéde toujours la tempête; mais nous étions loin de penser que l'orage grondât de si près sur nos têtes. Un jour, c'étoit le 9 thermidor, entre quatre et cinq heures de l'après-midi, deux hommes armés, ayant le concierge à la tête, paroissent dans le jardin, en examinent toutes les parties, et affectent sur-tout de bien remarquer la portion du bâtiment que nous occupions, ensuite ils disparoissent. Le soir, on nous fait rentrer une heure plutôt qu'à l'ordinaire. On demande la cause d'une pareille nouveauté : on répond que les jours ayant diminué, il faudra, dans la suite, se retirer de meilleure heure. La raison paroît plausible, et chacun rentre chez soi paisiblement.

Cependant les sentinelles sont doublées. Celles qui sont dans le jardin chargent leurs fusils, et s'annoncent prêtes pour onze heures. On se demande ce que tout cela signifie, personne n'en sait rien. Peu de tems après, le tocsin se fait entendre : des rassemblemens se manifestent autour de la prison; nos inquiétudes augmentent : quelques mots saisis dans le brouhaha du rassemblement annonçent l'arrestation de Robespierre et complices. Bientôt plusieurs hommes, un sabre nud à la main, et le concierge à la tête, se présentent de chambre en chambre, et nous intiment l'ordre de nous coucher, et qui plus est, de mettre bas nos habillemens, et, le croira-t-on ? nos culottes. Les scélérats ! ils vouloient avoir leurs victimes toutes prêtes, sans courir aucun danger ! Cette visite se répete de quart-d'heure en quart-d'heure pendant toute la nuit, qui fut des plus allarmantes. Enfin, le lendemain nous fûmes avertis que la victoire remportée par la convention nationale sur les Nérons de la France, nous avoit sauvés d'un massacre général dans les prisons. Chacun se félicitoit sur le danger auquel il venoit d'échapper; chacun s'abandonnoit à la joie; un doux pressentiment nous annonçoit un avenir plus heureux, et en effet ce pressentiment n'a pas été trompeur. Pour nous, il est incontestable que nous avions vécu jusqu'alors dans une agonie continuelle, et que cette agonie ne cessa qu'à l'époque du 9 thermidor.

Peu de jours après cet événement remarquable, des fiacres s'arrêtent à la porte de la prison, et les députés sont appellés pour y monter. On nous annonce que nous allons être tous réunis à la maison des *Fermes Générales*, et que nous y serons mieux traités. Déjà nous regardons cette douceur comme le résultat de l'heureuse journée du 9 thermidor. Nous arrivons. La maison se présente de la maniere la plus défavorable. Par-tout des grilles et des verroux, mauvais air, mauvaise promenade, et encore une nuit blanche. Déjà nous regrettions la salubrité et les délices des *Bénédictins Anglais*, que nous n'avions fait que flairer; mais la liberté des communications qui nous fut accordée le lendemain, nous fit oublier tout ce que nous perdions au change. En effet, après dix mois d'une séparation douloureuse, nous revoyons, nous embrassons nos amis, nos parens, nos collegues. Nous étions des matelots qui viennent d'échapper au naufrage. Bientôt nous eûmes la consolation de revoir au milieu de nous ceux de nos collégues, qu'un coup de vent avoit emportés, comme nous, au milieu des vagues; et cette réunion étoit douce après les dangers que nous avions courus.

Un événement seul nous frappa dans cette réunion. Déjà les papiers publics nous avoient annoncé les crimes que la voix publique attribuoit à *Joseph Lebon*. Quelle fut notre surprise de le voir parmi nous ! Qu'avions-nous de commun avec lui ? Nous ne préjugions rien à son égard ; mais nous ne pûmes empêcher qu'un frissonnement général ne nous saisît à son aspect ; et comme si nous nous étions donné le mot, pendant les 30 jours que nous avons demeuré ensemble, aucun de nous ne lui a adressé la parole. Ce qui nous confirma dans cette résolution, c'est qu'une femme d'un département du Nord, qui étoit venue voir un député de sa connoissance, ayant apperçu *J. Lebon* en traversant sa chambre, faillit se trouver mal à l'instant. Interrogée sur cet accident, elle raconta, concernant ce représentant, quelques anecdotes horribles, dont elle avoit été témoin.

Les douceurs qu'on nous accordoit n'étoient jamais de longue durée ; peu de jours après nous avoir donné la liberté des communications, on nous la supprime derechef sans aucune cause apparente, si ce n'est le plaisir barbare de nous tourmenter. Sans les libres communications, notre réunion aux Fermes étoit une punition plutôt qu'une douceur, et il étoit surprenant qu'après le 9 thermidor, on cherchât à rendre notre sort pire qu'avant cette époque. En conséquence, nous faisons des réclamations au comité de sûreté générale, et demandons des commissaires. Amar et Vouland reparoissent en cette qualité : ils se comportent avec égard et humanité, et motivent la suppression des communications sur la vigilance du comité à pourvoir à notre sûreté. Nous remercions le comité de sa bienveillance, et le prions de n'être pas plus en peine pour nos jours que nous ne le sommes nous-mêmes ; enfin, nous réclamons avec instance le rétablissement des communications.

Notre réclamation fut accueillie, mais avec modification, c'est-à-dire qu'il fut permis aux étrangers d'entrer jusqu'au rez-de-chaussée.

Notre sort, au lieu d'améliorer, paroissoit détériorer tous les jours. Immédiatement après le 9 thermidor, on nous avoit réunis aux Fermes avec la liberté des communications et de la table. Peu de tems après, ces communications avoient été confinées au rez-de-chaussée ; déja on travailloit à un parloir pour les réduire encore entre deux grilles. Enfin, trente jours après notre réunion, l'ordre est donné pour nous disperser dans cinq prisons différentes. Nous tirons au sort la prison qui doit échcoir à chacun, et nous nous divisons encore, sans savoir quand nous nous reverrons.

Nous entrons douze à la *Caserne des Carmes*, maison servant jadis de caserne, et réduite en prison sous le régime des bastilles. Nous sommes jetés tous les douze dans une chambre longue, placée sur un bassin d'eau, dont l'évaporation étoit telle, que tous les matins, nos lits en étoient imbibés; et au mois de vendemiaire, nous etions obligés, pour nous réchauffer, de sortir à l'air ouvert; toute communication y étoit interdite aussi sevérement qu'avant le 9 thermidor; bref, nous étions au secret le plus rigoureux. Nos collègues, dans les autres maisons, n'étoient pas mieux traités que nous.

Le renouvellement des vexations, dont on ne prévoyoit pas le terme, nous décida enfin à publier des mémoires pour la convention nationale et le peuple fraçais, qui ignoroient sans doute ce que nous souffrions; et c'est alors que la convention faisant droit à nos justes plaintes, ajourna le rapport de notre affaire au premier brumaire. A cette époque, la futilité, la calomnie, et sur-tout l'esprit de parti ayant opposé des obstacles à la justice de la convention, notre affaire fut ajournée indéfiniment. L'incertitude du terme de nos malheurs, joint au dépérissement progressif de nos santés, nous déterminerent à demander notre élargissement provisoire ; ce qui nous fut accordé, malgré les légers obstacles qu'on ne manqua pas d'opposer encore. Enfin, le décret du 18 frimaire, en nous rappellant à nos fonctions, a mis le comble à la justice de la convention nationale, qui veut la tenir irrévocablement à l'ordre du jour. Les sentimens de fraternité, d'intérêt et de sensibilité que nous y avons trouvés en rentrant, la part que nos concitoyens ont pris à cet événement, et les marques de confiance qu'ils ne cessent de nous donner tous les jours, sont faits pour nous dédommager des maux que nous avons soufferts, et savoir même gré à nos tyrans de nous avoir mis dans le cas de montrer à la patrie des cicatrices honorables pour preuve de notre dévouement à sa défense. Ils nous engagent à combattre jusqu'à la mort en faveur des principes de liberté, d'égalité et de justice, qui sont les bases d'une véritable république démocratique, et de périr, plutôt qu'oublier un seul instant les intérêts du peuple français, dont nous sommes représentans.

AÑECDOTES INTÉRESSANTES.

A la *Force*, le concierge étoit un bon homme qui n'inquiétoit guères les prisonniers.

Rarement on le voyoit dans la prison, et quand il y paroissoit, il se comportoit avec humanité, souvent avec douceur. C'est peut-être à son apathie qu'il faut attribuer l'empire que quelques intrigans avoient usurpé dans la maison. Au nombre de trois ou quatre, ils disposoient souverainement de toutes les places, et sembloient distribuer leurs faveurs. Un intrigant est un intrigant par-tout. Charles-Quint, après avoir abdiqué l'empire, et s'être fait récolet, cabaloit et intriguoit dans le couvent pour être gardien.

Malgré la sévérité avec laquelle toute communication avec l'extérieur étoit interdite, on a eu lieu de se convaincre que les cerberes n'étoient pas inaccessibles à la corruption.

Au commencement, nonobstant la défense, on voyoit par fois entrer encore quelques étrangers munis de permissions par écrit émanées de l'administration de police; l'anecdote suivante nous apprit comment on parvenoit à se les procurer. Après que les communications furent défendues sans exception, un prisonnier s'écria : *eh quoi ! trois mille livres ne suffisent donc pas pour voir ma femme* ? Questionnée sur le sens de cette phrase, il avoua avoir déboursé trois mille livres pour obtenir la permission de voir sa femme trois fois par décade.

Les guichetiers en général étoient humains, au moins dans la partie que nous habitions. L'exemple du guichetier-chef influoit beaucoup sur leur conduite. Cet homme vraiment au-dessus de son état, étoit d'une douceur surprenante. Par l'humanité dont il accompagnoit toutes ses démarches, il cherchoit à adoucir ce que son emploi avoit de dur et de rebutant. Sans jamais manquer à ses devoirs, il les remplissoit avec une aménité qui le rendoit intéressant. Il s'appelle *Ferney*, actuellement employé à l'*Hospice*, ci-devant dit *Evêché*.

Ses égards éclatoient sur-tout envers les députés. Il avoit pour eux une sorte de respect, que tout autre auroit craint d'avoir dans ces circonstances déplorables. Lorsque les administrateurs vinrent à l'heure de minuit, procéder à l'enlévement des armes, l'un d'eux s'étoit jeté nonchalamment sur le lit, oú étoit couché notre collegue *Marbos*. *Citoyen*, lui dit Ferney, *es-tu venu ici pour insulter au malheur? ignores-tu que c'est un représentant du peuple qui est couché dans ce lit?* L'administrateur se leva tout honteux qu'un guichetier lui eût donné des leçons de conduite.

Quand le régime de la *gamelle* fut institué, l'arrêté du comité portoit qu'il seroit défendu aux guichetiers de boire avec les détenus, à qui on avoit enlevé tout moyen d'avoir du vin. On eût dit que c'étoit un sarcasme plutôt qu'une loi. Ferney touché de compassion pour les vieillards et les infirmes, leur dit : *citoyens, si la loi défend aux guichetiers de boire avec les détenus, elle ne défend pas aux détenus de boire avec les guichetiers. Quand vous aurez besoin d'un verre de vin, passez au guichet, et vous trouverez toujours sur la table une bouteille de vin à votre service.* Quand la loi révolte la nature, il faut que le législateur s'attende à voir la nature se prémunir contre la loi.

Le mépris de la vie étoit aussi grand à la Force que par-tout ailleurs ; c'est l'effet ordinaire des tyrannies Quand la vie est à charge, on n'y tient plus. Lors de la *fournée* connue sous le nom des *chemises rouges,* un détenu avoit reçu son acte d'accusation , et attendoit à tout moment les gendarmes, pour être traduit au tribunal redoutable. Il étoit musicien, et se souvient tout-à-coup qu'un détenu de ses amis lui avoit demandé une ariette. Aussi-tôt il rentre dans sa chambre, il copie l'ariette, et revient à son ami. *Mon cher,* lui dit-il, *voilà ton affaire : la musique est bien, je viens de l'essayer sur ma flûte. Je suis fâché de ne pouvoir t'en fournir davantage ; demain, je ne serai plus.* En effet le lendemain il fut exécuté.

Aux Magdelonnettes, le concierge étoit plus bon que méchant. Sa physionomie, qui est ordinairement le miroir de l'ame, annonçoit un naturel heureux ; et s'il étoit par fois dur, c'étoit moins par caractere que par foiblesse. Les administrateurs exigeoient de la cruauté, et à leurs yeux, c'étoit être criminels que d'être humains. Les guichetiers en général, étoient grossiers, durs, impitoyables. La tendresse conjugale y étoit mise à contribution comme à la Force. Une femme eut à débourser 300 liv. pour jouir, une seule fois, du plaisir de voir son mari à travers les grilles d'une fenêtre, sans pouvoir lui parler.

Aux *Fermes-Générales*, le concierge n'inquiétoit gueres les prisonniers, parce qu'il étoit malade ; il mourut quelque tems après notre arrivée. Les guichetiers parurent d'abord durs, mais avec les députés ils se corrigerent bientôt, et devinrent en général doux, humains et même polis.

A la *Caserne des Carmes*, le concierge étoit *jacobin enragé* : il paroissoit prendre plaisir à faire bien sentir aux prisonniers tous les désagrémens d'une détention dure et rigoureuse. En vain les commissaires du comité de sûreté générale lui ordonnerent-ils de nous traiter avec égard, nous regarder comme des représentans du peuple non encore déclarés coupables, enfin nous laisser les communications libres, on eût dit qu'ils lui avoient recommandé le contraire. Un soir, il se retira de fort mauvaise humeur, et le visage tout meurtri de coups. Le lendemain, le perruquier nous rapporta que les meurtrissures du concierge étoient le résultat d'un mouvement qui avoit eu lieu la veille, au Palais Egalité, et dans lequel on avoit crié : *vive la convention* d'un côté, et *vivent les jacobins* de l'autre. Le concierge, qui étoit intéressé au maintien du régime des jacobins, c'est-à-dire des bastilles, crainte de perdre sa place, ne manquoit pas de se trouver dans toutes les actions où il s'agissoit de renforcer son parti ; et cette fois-là, il en avoit rapporté d'honorables blessures. Cependant il est informé de l'indiscrétion du perruquier, il s'en venge en mettant à la porte le babillard, avec défense de plus rentrer ; et poussant plus loin sa vengeance, il la fait retomber sur les prisonniers en redoublant de rigueur, de sévérité, d'inhumanité.

Comme dans un tableau les ombres font ressortir davantage les couleurs, de même dans des tems de tyrannie et de désolation, il se manifeste souvent des caracteres, dont l'énergique humanité contraste singuliérement avec le génie destructeur qui ravage, et semble même emprunter de ce dernier, l'élasticité qui les fait agir. L'horrible tyrannie, à laquelle nous venons d'échapper, nous a fourni bien des exemples de ce genre; mais celui que je vais rapporter, en est un des plus frappans.

Notre collegue *Laurenceot* est logé chez la citoyenne *Brionville*. Cette femme respectable, tailleuse de profession, a une fille d'environ douze ans, d'une figure agréable, d'une éducation soignée, sachant bien la musique, chantant à ravir, et sur-tout possédant un cœur qui promet à ses parens un ample dédommagement des sacrifices qu'ils ne cessent de faire pour lui procurer une bonne éducation.

Immédiatement après notre emprisonnement, cette enfant ne manqua pas de venir faire une visite à son hôte détenu. Là, elle fit la connoissance d'autres députés. Son caractere intéressant se manifesta bientôt, et il se fit un échange réciproque de sentimens qui ne sont connus que des ames généreuses.

Dès-lors, le plaisir pour elle de voir ses députés, c'est ainsi qu'elle les appelloit, et pour ceux-ci de voir cet ange consolateur, devint un besoin. La difficulté d'obtenir l'entrée de la prison ne la rebutoit point. La patience, la docilité, la complaisance, les prieres, le dépit, la ruse, tout étoit employé par elle. Quelquefois, c'étoit après des journées entieres d'une attente pénible et persévérante, qu'elle obtenoit enfin la permission de venir nous consoler par sa vue, et nous charmer par ses accens mélodieux. La rigueur de la saison ne l'arrêtoit point : souvent, nous l'avons vue arriver déguisée en garçon, sous une mince carmagnole, portant à la main des sabots, que ses tendres pieds n'avoient pu supporter dans sa course, ou qui s'opposoient à l'empressement qui la faisoit voler ; et elle préféroit ainsi de traverser tout Paris, à pieds nuds, dans la neige, que de reculer de quelques instans le plaisir de voir ses députés. Courant sans cesse de la convention aux jacobins, et des jacobins dans les groupes, elle écoutoit tout, retenoit tout, et venoit aussi-tôt nous en faire le rapport à la prison. Rarement c'étoient des nouvelles consolantes, mais elle en adoucissoit l'amertume, par ses exhortations à la résignation et à la dignité convenable à des représentans.

Dans les accès de sa fièvre généreuse, elle voudroit être sur la même charrette qui devoit nous conduire au supplice, pour mourir avec nous, et nous apprendre comme on meurt, quand on meurt innocent, et pour le bien de sa patrie; mais elle ne voudroit pas être à côté de lâches, elle en seroit désolée. Puis recourant aux charmes de sa voix enchanteresse, elle cherchoit à insinuer dans nos ames le baume de la consolation, par des ariettes analogues et à propos. En voici une tirée d'Œdipe.

> Du malheur, augustes victimes,
> Mettez un terme à vos regrets.
> Quand le cœur est exempt de crimes,
> Du sort on doit braver les traits.
> Que votre ame en paix s'abandonne
> Aux soins que nous prendrons de vous;
> Pour vous servir, nous saurons tous
> Le zèle et le cœur d'Antigone.

On avoit beau nous traîner de cachots en cachots, elle nous suivoit par-tout, par-tout elle cherchoit à penétrer jusqu'à nous, et souvent, lorsque nous y pensions le moins, nous la voyions arriver toute triomphante d'avoir réussi à apprivoiser les intraitables cerberes qui repoussoient impitoyablement tout ce qui se présentoit. Enfin, lorsque nous fûmes dispersés dans cinq maisons différentes, elle passoit souvent des journées entieres à courir de prison en prison pour visiter tous ses députés.

Aimable enfant, puisse la reconnoissance, à laquelle tu as acquis tant de titres, être le moindre des devoirs que nous avons à remplir envers toi ! Puisse l'hommage, que je me plais à rendre à tes vertus naissantes, te servir de stimulant pour développer tous les sentimens généreux dont les germes t'ont été prodigués par la nature !

De l'Imprimerie de F. PORTE, rue J.-J. Rousseau, nº. 11, vis-à-vis la Poste.

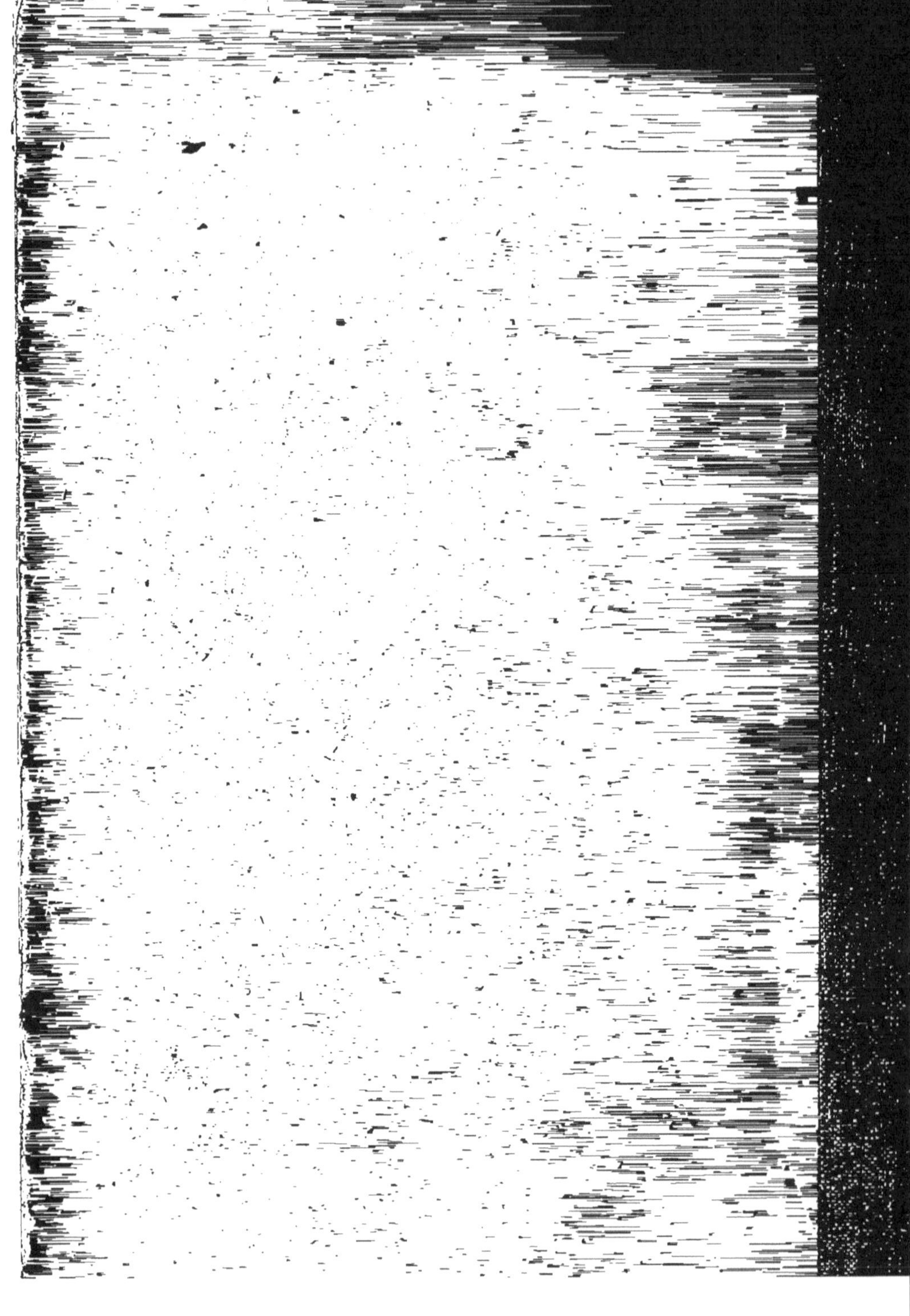

www.ingramcontent.com/pod-product-compliance
Lightning Source LLC
LaVergne TN
LVHW010059230826
846091LV00005B/2003
9782013255738